中国文化知识读本
Zhongguo Wenhua
Zhishi Duben

黄山

主编 金开诚

编著 吴迪

吉林出版集团有限责任公司
吉林文史出版社

图书在版编目（CIP）数据

黄山 ／ 吴迪编著. -- 长春 ：
吉林出版集团有限责任公司 ：吉林文史出版社，2009.12 （2023.4重印）
（中国文化知识读本）
ISBN 978-7-5463-1695-6

Ⅰ. ①黄… Ⅱ. ①吴… Ⅲ. ①黄山-简介 Ⅳ.
①K928.3

中国版本图书馆CIP数据核字(2009)第236897号

黄山

HUANGSHAN

主编／ 金开诚　编著／吴　迪

项目负责／崔博华　责任编辑／曹　恒　崔博华

责任校对／梁丹丹　装帧设计／曹　恒

出版发行／吉林出版集团有限责任公司　吉林文史出版社

地址／长春市福祉大路5788号　邮编／130000

印刷／天津市天玺印务有限公司

版次／2009年12月第1版　印次／2023年4月第7次印刷

开本／660mm×915mm　1/16

印张／8　字数／30千

书号／ISBN 978-7-5463-1695-6

定价／34.80元

编委会

前 言

　　文化是一种社会现象，是人类物质文明和精神文明有机融合的产物；同时又是一种历史现象，是社会的历史沉积。当今世界，随着经济全球化进程的加快，人们也越来越重视本民族的文化。我们只有加强对本民族文化的继承和创新，才能更好地弘扬民族精神，增强民族凝聚力。历史经验告诉我们，任何一个民族要想屹立于世界民族之林，必须具有自尊、自信、自强的民族意识。文化是维系一个民族生存和发展的强大动力。一个民族的存在依赖文化，文化的解体就是一个民族的消亡。

　　随着我国综合国力的日益强大，广大民众对重塑民族自尊心和自豪感的愿望日益迫切。作为民族大家庭中的一员，将源远流长、博大精深的中国文化继承并传播给广大群众，特别是青年一代，是我们出版人义不容辞的责任。

　　本套丛书是由吉林文史出版社和吉林出版集团有限责任公司组织国内知名专家学者编写的一套旨在传播中华五千年优秀传统文化，提高全民文化修养的大型知识读本。该书在深入挖掘和整理中华优秀传统文化成果的同时，结合社会发展，注入了时代精神。书中优美生动的文字、简明通俗的语言、图文并茂的形式，把中国文化中的物态文化、制度文化、行为文化、精神文化等知识要点全面展示给读者。点点滴滴的文化知识仿佛颗颗繁星，组成了灿烂辉煌的中国文化的天穹。

　　希望本书能为弘扬中华五千年优秀传统文化、增强各民族团结、构建社会主义和谐社会尽一份绵薄之力，也坚信我们的中华民族一定能够早日实现伟大复兴！

目录

一、天下第一奇山

黄山素有"天下第一奇山"的美誉

　　黄山，雄踞风景秀美的皖南，素有"天下第一奇山"之美誉。两亿年的漫漫岁月，凝炼成她如梦似幻的仙山奇景。从古扬子海底的一片混沌，到云谲波诡的人间仙境，黄山几亿年的身世究竟暗藏着怎样的秘密？谜一般的前世今生，深藏在黄山那滔滔云海之中。那奇特的地貌是如何演变至今，那峰林之中的生灵又是怎样依附于这神秘的山岳之中？关于黄帝的遥远传说又与黄山的命名有着怎样千丝万缕的联系？带着这些疑问，我们走进了黄山的世界。从两亿年前黄山地带陆地的出现，到一亿年前"地下黄山"的初步形成，又经过千百年的风化与侵蚀，黄山才逐渐演变为我们今天所见到的这片峰林。特殊的地质地貌特征，独特的气候与生态环境，还有黄山名称由来之谜，都能在寻访黄山古老身世的过程中，一一找到答案。

（一）黄山名称的由来

　　黄山，位于中国安徽省南部，是中国著名的山岳风景区之一，是以风景秀丽为特色的旅游胜地。

　　黄山山脉东起绩溪县的大嶂山，西接黟县的羊栈岭，北起太平湖，南临徽州山区，属于南岭山脉的一部分。全山面积 1200 平方公里，其中的精华部分，也就是通常人们所游览、观赏的黄山风景区，面积约 154 平方公里。黄山横亘于歙县、黟县、太平、休宁四县之间，山境南北长约 40 公里，东西宽约 30 公里，号称五百里黄山。

黄山古时称黟山，黟，就是黑的样子，因其山体岩石呈青黑色而得名。据史料记载，唐天宝六年（公元 747 年）六月十六日，唐玄宗下旨改称其为黄山，并一直沿用至今，而这一天更被唐玄宗钦定为黄山的生日。可以说黄山的名字里蕴藏着关于中国历史与文

如梦似幻的仙山奇景

黄山充满了仙灵之气与神秘色彩

化的许多秘密。那么，黄山之名究竟是如何
得来的呢？

　　原来，早在遥远的古代，人们就发现，
这座名叫黟山的大山，是一处充满着仙灵之
气与神秘色彩的地方。远远望去，大片的松
林与古怪的姿态，以及山谷中溢出的阵阵云

松林与怪石

雾，让人们对这座可望而不可即的大山产生了种种的幻想。各种关于神仙的传说开始在民间流传，于是，人们对这座奇山也有了越来越多的崇敬与仰望。

在这众多的神仙传说中，最著名的恐怕就是关于黄帝在此炼丹升天的传说了。

黄帝陵

传说中，轩辕黄帝是华夏部落联盟的首领，也被认为是中华民族的祖先。传说大约在五千年前，黄帝联合炎帝，打败了来自东夷族的首领蚩尤，统一了黄河流域的各个部落。传说中，黄帝和他的妻子以及群臣发明了养蚕、衣裳、舟车、文字、算术、音乐、医学等，直到黄帝一百多岁的时候，仍旧风尘仆仆，四处寻访。

据说有一天，黄帝来到当时的黟山。他见这里山高林茂，灵泉甘美，景色怡人，宛若仙境，便再也不愿离开了。从此，黄帝在此修身养性，采药炼丹，最终得道而登仙，飞升而去。这个传说也被人们记录在了一些史书里。

又过了三千多年，正值唐玄宗李隆基在位的开元盛世。当时的社会道教盛行，而李隆基本人也是虔诚的道教信徒，于是，在听说了黄帝在黟山修炼成仙的故事之后，李隆基龙颜大悦，下令改称这座山为黄山，意思就是黄帝修炼成仙的山。至此，黄帝炼丹飞天的传说与神奇秀丽的黄山紧紧地联系在一起，更引来后世文人墨客对黄山的无限神往。

道教八卦图

但是，关于黄山名称的由来，历来都是众说纷纭。有人说，唐玄宗为黄山改名一事，在正史中并无记载，只在一些道教的旧籍中出现过，因此不足为信。还有人提出，黄山得名与"五行"有关。因为古人用金木水火土"五行"，配以"五方"与"五色"，认为土居于正中，中央正色是黄色，而黄山盘踞于崇山之中，位置居中，因此以"黄"为此山命名。还有人专门考证说，黄山这个名字早在汉代就已出现，并非唐玄宗所改。

黄山名称的由来，虽历代有不同说法，但近千年以来，因黄帝炼丹而得名"黄山"的说法，流传得最为广泛，影响也最为广泛，更为多数人所接受。黄山上许多山峰的命名

道教的炼丹葫芦

也都与这个传说有关，如轩辕峰、黄帝坑、炼丹台等等，都一直沿用至今。

（二）黄山的形成、演变与地貌特征

1.黄山的形成与演变

黄山景色如此奇美，究竟是如何形成的呢？过去有这样一个神话传说：女娲炼石补天，剩下一块紫石，后来化作了黄山。因此，黄山之景才能如此气象万千，神奇秀美。

然而这毕竟只是一个传说。据现代地质考察表明，黄山胜景，是几次造山运动和第四纪冰川的杰作。而整个黄山的形成过程，更长达上亿年。

　　今天的黄山所在的地区，曾经是一片汪洋大海。在距今大约四亿年前，这里完全被古扬子海所淹没，而黄山，还沉睡在海底。时序更新，沧桑巨变。随着古扬子海的不断缩小，陆地渐渐扩大，而黄山地带有时出现，有时又被淹没，时而为海，时而为陆。两亿年前，在一次叫做印支运动的地壳运动中，古扬子海干涸了，黄山地带永久性地成为了陆地。

女娲像

黄山胜景是造山运动和冰川的杰作

距今大约一亿年前，黄山地带一些地壳薄弱的地段涌出了炽热的花岗岩浆，岩浆流过地面，冷却而凝结成为花岗岩，这就是最早的"地下黄山"。在一次强烈的地壳运动中，黄山花岗岩体被塑造得千姿百态，奠定了今天黄山的神奇地貌。日复一日，年复一年，"地下黄山"不断地抬升，经过千百年的风化，岩层一一剥落殆尽，形成了年轻的黄山。而在不断抬升的过程中，黄山的地貌也不断

黄山群峰林立，奇松遍布，地貌十分独特

发生着神奇的变化，形成了众多的高峰深谷。在距今约三百万年前，黄山经历了第四纪冰川的洗礼。在流水的深度切割下，黄山变成了现在这样一座高度在一千米左右的悬崖峭壁。长期的风化剥蚀与地壳运动等大自然内外力的作用，造就了黄山气势磅礴、奇峰穿云的峰林地貌。今天的黄山就这样形成了。

2. 黄山的地质地貌特征

经历了漫长的造山运动和地壳抬升，以及冰川的洗礼和自然风化作用，黄山形成了其特有的峰林结构。黄山群峰林立，山体峰顶尖陡，峰脚直落谷底，峰高峭拔，怪石遍布，号称"三十六大峰，三十六小峰"。

由于地壳的间歇抬升、风化剥蚀、冰川等各种自然力的作用，黄山岩体中的矿物组分、结晶程度、矿物颗粒大小、抗风化能力和节理的性质、疏密程度等均有不同程度的差异，也造就了鬼斧神工般的黄山美景。

黄山山体主要由燕山期花岗岩构成，侵蚀切割强烈，断裂和裂隙纵横交错，长期受水溶蚀，形成了瑰丽多姿的花岗岩洞穴与孔道。黄山以天海为中心，划分为前山和后山。前山指的是天都、玉屏、莲花诸峰和光明顶一带。这里地势开阔，主峰鼎立，群峰错列，众壑纵横，被徐霞客誉为"黄山绝胜处"。后

黄山山体以花岗岩为主，众壑纵横，群峰错列

满山青松翠竹，风景怡人

山则指松谷庵、芙蓉居一带，这里满山青松翠竹，更有潺潺流水，著名的翡翠池、五龙潭等散布其间，构成与前山完全不同的清幽景色。由于前山岩体节理稀疏，岩石多球状风化，山体浑厚壮观，而后山岩体节理密集，多是垂直状风化，山体更为峻峭，这就形成了"前山雄伟，后山秀丽"的地貌特征。

黄山至今仍存有第四纪冰川的遗迹，主要分布在前山的东南部。典型的冰川地貌有：因冰川移动刨蚀而形成的"U"形谷，如苦竹溪；由冰川谷和冰川支谷相汇成的冰川悬谷，如百丈泉、人字瀑；有分布着冰川搬运

堆积的冰碛石的河床;传说黄帝炼丹用的"丹井""药臼",也是由冰川作用形成的冰臼。这些景观除了作为独特的自然风光供人观赏之外,还有着巨大的科学研究价值。

(三)黄山的气候与生态环境

1. 黄山的气候特征

黄山大致位于东经 118 度,北纬 30 度,处于亚热带季风气候区内。由于山高谷深,气候呈垂直变化。同时由于北坡和南坡受阳光的辐射差大,局部地形对其气候起主导作用,形成云雾多、湿度大、降水多的气候特点。

黄山从山麓到山顶,气温呈直线递减。每升高 100 米,气温大约要下降 $0.61℃$,到山顶大约要降低 $10℃$。从山脚到山顶,分为三种不同类型的气候:山脚为亚热带气候,山腰为温带气候,山顶为寒带气候。

黄山阴雨天多,云雾天多,接近海洋性气候,夏无酷暑,冬少严寒,四季平均温度差仅 $20℃$ 左右。黄山夏季十分凉爽,平均气温在 $16℃$ 左右。一年中 7 月份天气最热,在海拔 650 米的温泉区,平均温度也仅为 $25℃$。黄山"四月始知春,一岁竟无夏",夏凉冬温,是得天独厚的避暑胜地。

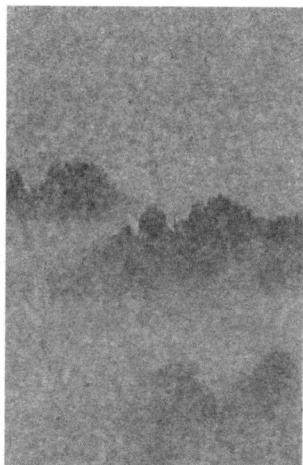

黄山多雨多雾,气候怡人

黄山夏凉冬暖，是得天独厚的避暑胜地

黄山也是安徽省降水量最多的地区之一，年平均降雨日数为 183 天，山上全年降水量为 2395 毫米。为什么黄山降水量比较大呢？这与黄山特有的地理条件密切相关。因为黄山群峰迭起，植被较厚，湿度较大，暖湿气流上升的过程中，水汽便会遇冷凝结，成云致雨，也就形成了黄山低云多雾和雨量丰沛的气候特征。

黄山由于相对高度较高，冬季往往山下下雨，山上下雪，年平均降雪日数是 49 天。此外，黄山平均风速较大，风向变化也很大，山上山下，山北山南，均不相同。一年之中西南风最多，其次是西北风。

2. 黄山的生态环境

黄山自然环境条件复杂，生态系统稳定平衡。黄山高耸的山体和贫瘠的岩层土壤孕育出与众不同的动植物。它们有着超乎寻常的形态和独特的生长方式。由于山高峰陡，上下气候悬殊，植物垂直分带明显。山顶滋生寒带植物，如黄山杜鹃、天女花、黄山栎；山腰盛长温带植物，如小叶青冈栎、交让木、牛鼻栓；山下则繁殖亚热带植物，如紫楠、木莲、木兰等。此外，更有第三纪冰川遗留珍贵树种银杏、第四纪冰川遗留树种鹅掌楸等。据统计，黄山的森林覆盖率是56%，植

黄山植被资源丰富，自然环境良好

被覆盖率达到了 83%。黄山拥有热带、亚热带、温带等野生植物一千多种，其中属于国家保护的有水杉、红豆杉、香果树、花楠木等，石斛等十个物种已经是濒临灭绝的珍稀物种。

民国《歙县志》一书中曾记载了 32 种黄山名贵花卉，如黄山杜鹃，"高干浓香，迥异凡种"；璎花，色黄碧，"幽倩淡冶，清香隽永"；仙都花，古干屈曲，三年一放，"望望如芙蓉而特香"；天女花，则更是世上稀有的名花。

首次在黄山发现或以黄山命名的植物也不在少数。"黄山灵芝"是非常名贵的药材；"黄山毛峰"则是驰名中外的名茶。黄山古树

黄山灵芝是珍贵的中药材

黄山雪松云海奇观

名木众多，以古、大、珍、奇、多著称于世，其中又以黄山松最负盛名。

山高林密、气候适宜，还使黄山成为动物憩息和繁衍的理想场所。黄山地区已知的有鱼类 24 种、两栖类 20 种、爬行类 38 种、鸟类 170 种、脊椎动物 300 种，其中有许多珍禽异兽，都是在其他地方难得一见的。有一种山乐鸟，又称为音乐鸟、八音鸟，据说鸣声能转八音，十分悦耳动听。民间还流传

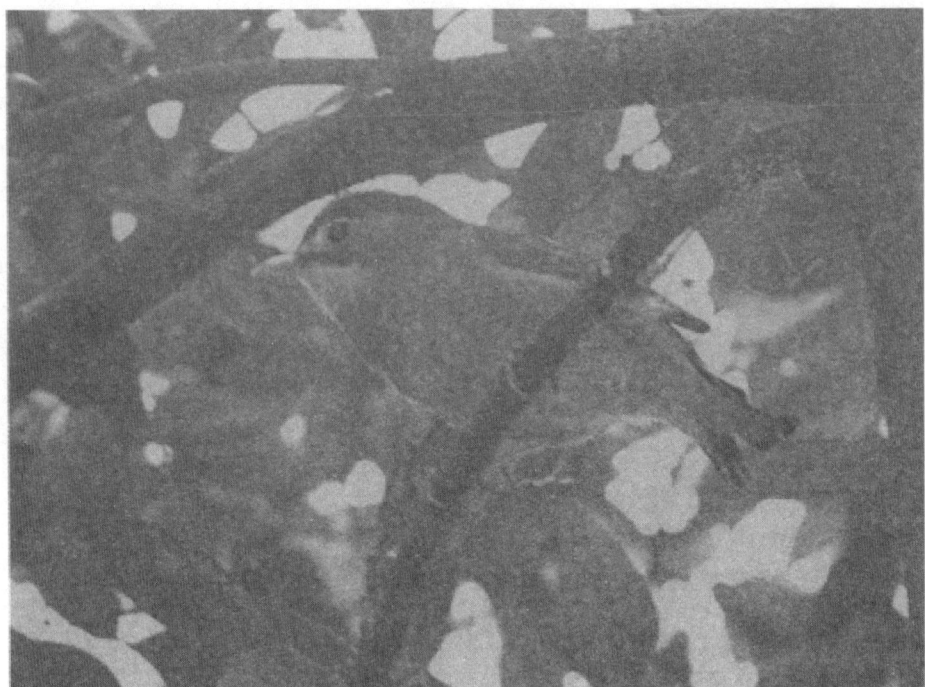

红嘴相思鸟

着关于这种鸟的一个美丽传说：当年百鸟大仙的九女儿，爱上了黄山脚下一个聪明勤劳的穷小子。她每天飞到小伙子身边，伴他砍柴，为他歌唱解愁。百鸟大仙得知后，大为恼火，将九女儿化为凡鸟，不准她重归仙境。她的八个姐姐，偷偷飞到黄山，见她正在欢乐地歌唱，也都禁不住加入了歌唱的行列。百鸟大仙发现后，把这群姑娘统统变成了山雀。从此她们就生活在黄山，在松林泉水之间，演绎着大自然的美妙旋律。黄山还是鸟路，候鸟往来的时候，会在此栖息，其中就有一种相思鸟，红嘴翠羽，娇小玲珑，是著

黄山短尾猴

名的观赏鸟。黄山短尾猴，体型高大，四肢粗壮，行动敏捷，毛呈灰褐色，小的如婴儿大小，大的则貌似猩猩，体重可达到百斤。由于常年在悬崖峭壁上生存，尾巴已经退化得不过两寸，是猴子家族中最为珍贵的品种之一。其他异兽还有苏门羚、穿山甲、獐、鹿、麂和玉面狸等，都非常珍奇。据统计，黄山野生动物有 300 余种，鸟类 170 余种，品种占安徽省动物资源种类的三分之二。

此外，黄山是钱塘江和长江两大水系的分水岭，水资源十分丰富，自中心向四周呈放射状分布着众多的山涧沟谷，其中有大谷

黄山是钱塘江和长江两大水系的分水岭

36条，形成36源，汇入24溪水，以桃花、云门二峰为界，分别流入新安江、钱塘江和青弋江、长江。黄山落差大，山水迸泻，形成飞瀑，溅珠喷玉，构成黄山最积极、最有生命力的景观，著名的有"人字瀑""百丈泉"和"九龙瀑"。

特殊的地质地貌、适宜的气候与稳定平衡的生态环境，孕育了千峰万壑、峡谷溪涧、云海苍松、灵草奇花，共同成就了黄山"天下第一奇山"的美称。

二、浑然天成的自然之美

险峰峻岭，云海茫茫

黄山莲花峰与莲蕊峰

黄山作为一处自然风景胜地，有着难以言说的自然之美。以奇松、怪石、温泉、云海"四绝"著称的黄山，可谓将天下名山之美景尽收一家。著名胜景二湖、三瀑、二十四溪、七十二峰交相辉映，四季各有奇景。莲花峰、天都峰、光明顶三大主峰，海拔都在1800米以上。黄山奇峰穿云，无峰不石，无石不松，无松不奇。黄山松苍劲坚毅，于险峰峻岭之上傲然挺立；黄山怪石姿态万千，惟妙惟肖，令人叫绝；黄山云海瑰丽壮观，瞬息万变，于静谧的外表之下涌动着奔流不息的力量；黄山温泉号称"灵泉"，甘甜沁人，

黄山

黄山天都峰气势磅礴

常年不息。而在此"四绝"之外，又有人将黄山冬雪奉为黄山"第五绝"。冬日黄山银装素裹、玉砌冰雕，更平添飞雪、冰挂、雾凇等奇景，将黄山装扮得如同仙境。黄山之水，除了温泉之外，飞瀑也是值得一提的美景。著名的"三大名瀑"，奔流倾泻，气势磅礴，响似奔雷，鸣如琴弦，也是黄山万千胜景中一道不可不看的风景。

（一）千峰竞秀

黄山群峰林立，千峰竞秀，其中有名可数的就有七十二峰。它们或崔嵬雄浑、或俊俏秀丽，布局错落有致、巧然天成，其中莲

黄山始信峰

花峰、天都峰、光明顶都在海拔 1800 米以上，拔地极天，气势磅礴，雄姿灵秀，无论四季都大有可观。

清朝嘉庆年间的《太平县志》一书中记载说，黄山群峰不计其数，而《黄山图经》只选取其中的三十六峰，赐以名字，实在太少。许多山峰景色极佳，却不在命名的三十六峰之列，令人可惜。后人于是又命名了三十六座山峰，与之前的合计为七十二峰。这也就是后来常说的"三十六大峰，三十六小峰"。尽管如此，黄山层峦叠嶂，峰林似海，尚未命名者依然居多数，却也只能隐没在黄山恢弘的美景之中。

在黄山的辽阔峰海中，莲花峰为第一高峰，海拔高达 1864 米，是"三十六大峰"之一。莲花峰峻峭高耸，气势雄伟。因为其主峰突兀，小峰簇拥，宛若一朵莲花仰天怒放，因此得名"莲花峰"。关于莲花峰，还有一段神奇的故事：相传很久以前，观音大士奉天帝之命，下凡巡视。当她手持净瓶、柳枝二宝，乘着莲花宝座，驾云来到黄山时，受到山神、水神、花神及仙猿、百鸟的热情欢迎。观音见此地山奇水秀，草木生辉，又有许多好客的朋友，便久久盘桓，不愿离去。一日，天帝

黄山天都峰远眺

黄山青松伴天都

派来"乌鸦使者"，催观音回宫。观音不愿遵旨，天帝立即派天兵天将来捉拿她治罪。观音也不示弱，取出随身法宝，用柳枝蘸着净瓶里的法水，向对方挥洒。天兵天将素知法水厉害，不敢近身。加之黄山山神、水神、花神、仙猿、百鸟等齐为观音助阵，因此，一场恶战，直打得天兵天将丢盔弃甲而逃。天帝无奈，只得降下御旨，将其逐出天宫，责令她永远住在波涛险恶的南海，所以人们便称她为"南海观世音"。其实，观音根本没有奉旨去南海，而是留在了自己心爱的黄山。为防天帝再来侵扰，观音索性将自己乘坐的莲花宝座，点化成雄奇秀丽的山峰，成为今天的莲花峰。

天都峰，海拔 1810 米，也是黄山三大主

峰之一。险峻雄奇、气势磅礴是天都峰最大的特色，在黄山群峰中，它最为雄伟壮丽。古称"群仙所都"，意思是天上都会，群仙所集的地方，"天都峰"的名字也由此而来。天都峰的高度虽然不及莲花峰，但其险峻程度却绝非莲花峰可比，百丈云梯几乎直上直下，古时候能登上天都峰的人寥寥无几。同时天都峰也是鸟瞰黄山壮丽全景的理想之处。从高处俯瞰，青松在悬崖上争奇，怪石在群峰上斗艳，烟云在峰壑间弥漫，霞光在岩壁上溢彩。自然胜景，尽收眼底。难怪民谣中说："不到天都峰，白跑一场空。"古代更有诗句赞曰："任他五岳归来客，一见天都也叫奇。"

　　光明顶与莲花峰、天都峰并称为黄山三

光明顶是黄山的主峰之一

大主峰，海拔 1860 米，仅次于莲花峰。其顶上平坦而高旷，可观东海奇景、西海群峰，身处顶上，诸峰景色尽收眼底。因为这里平坦开阔，日光照射时间长久，故名"光明顶"。光明顶上地势平坦，是看日出、观云海的绝佳地点。

世人常概括黄山三大主峰特点为：莲花

远眺黄山诸峰

峰高，光明顶平，天都峰险。可以说三者各有特色，各有奇景。而除此三大峰之外，其他著名的山峰还有炼丹峰、石门峰、鳌鱼峰、莲蕊峰、玉屏峰、狮子峰、始信峰等等，每一座山峰都有不同的名字，每一个名字都讲述着不同的故事。众多千米以上的山峰环绕在三大主峰周围，群峰叠翠，有机地组合成

浑然天成的自然之美

黄山迎客松远近闻名

一幅波澜壮阔、气势磅礴的立体画卷。

（二）无松不奇

人说黄山"无峰不石，无石不松"，奇松更是黄山"四绝"之首。黄山千峰万壑，处处有青松点染，为山石增添了灵气。难怪古人说："黄山之美始于松。"

黄山奇松，遍布峰壑，生长在海拔800米以上的黄山之巅，是植物学上一个独立的品种。黄山松生长十分缓慢，两米多高的黄山松往往有着几百年的树龄。与其他松不同，黄山松不是滋生于土壤中，而是盘根于危崖峭壁中。无论山顶、悬崖、石缝，还是崖壁，都能成为它们生长的地方。由于黄山松的生长环境极其艰苦，它们的生态适应性也就极强。为了能够汲取岩石中的深层养分，在贫瘠的岩缝中存活生长，黄山松的根部要比树干长几倍甚至几十倍。它们的根深深地扎入岩石的缝隙中，以欲将岩石劈开的力量与态势向下生长。

那么，黄山松究竟是如何在贫瘠的岩石中生长的呢？原来，黄山松的根能够分泌一种有机酸，可以慢慢溶解岩石，使其扎根于岩缝中，并且把岩石中的矿物质和盐类分解

黄山千峰万壑，处处有青松点染

浑然天成的自然之美
033

黄山松树形态奇特，倚石而生

出来为己所用。而一些花草、树叶等植物腐烂之后，也能分解成为肥料，供黄山松吸收。此外，黄山松还能直接从空气、雨雪中吸取养分，所以在高山、悬崖峭壁上，黄山松也能颈干粗韧、傲然挺拔。

除了生长环境奇特，黄山松还有一个特点，就是树形奇特。许多黄山松都有偏向一个方向生长的特点，这一方面是由于它们倚岩石而生，由于地势崎岖不平，处在悬崖之间的黄山松无法垂直生长，只能弯曲着生长；

另一方面是因为植物天生具有向阳性和求取水分的本能，黄山松的树枝就会明显地向阳光一侧倾斜。由于要抗暴风、御冰霜，黄山松的针叶短粗，冠平如削，树干和树枝也极其坚韧。正是地理环境和阳光、风霜等气候条件的共同影响，造就了黄山松千姿百态的奇状，也让黄山松在风霜雨雪中依然保持着活力。

危崖上傲然挺立的黄山松

在攀登黄山的必经之路上，有一棵形状如招手的松树参天耸立，如同一位好客的主人在问候着来往的游人，它就是著名的黄山迎客松。这棵松树历经风霜雨雪，在危崖上傲然挺立了八百余年，如今已成了黄山的象征。难怪古人有诗赞曰："奇松傲立玉屏前，阅尽沧桑色更鲜。双臂垂迎天下客，包容四海寿千年。"除迎客松外，著名的还有送客松、陪客松、盼客松、蒲团松等等。它们或耸立挺拔，或枝叶舒展，展现着黄山的性格与灵气。

按照中国古代的审美观，古木常以"曲"为美，而"直"则被认为没有韵味。黄山松独特的形态与特殊的生长环境恰好符合古人对于美的追求。黄山松不仅是顽强生命力的代表，还是中国人气节的象征，讲究气节的中国文人对松树有着非同一般的情怀。

（三）有石怪天下

"黄山有石怪天下"。黄山怪石，星罗棋布，以奇取胜，以多著称。目前已被命名的怪石有 120 多处，它们或似人物，或似鸟兽，造型各异，惟妙惟肖。怪石从不同的位置，或在不同的天气状况下观赏，形态迥异，各有情趣。黄山怪石分布广泛，既有耸立的大石，也有玲珑的小石，栩栩如生的造型，让人不禁感叹大自然的鬼斧神工。

黄山千峰万壑，而怪石如珍珠般点缀在波澜壮阔的峰海之中，增添着生趣。黄山怪石的命名都有着不同的含义，主要体现它们形似或神似的特征。有的是以动物的形态命

相传这是女娲娘娘补天剩下的飞来石

黄山摩崖石刻

名，如"猴子观海""松鼠跳天都""鳌鱼驮金龟"；有的是以人物行为命名，如"仙人下棋""天女绣花""夫妻谈心"；有的是以物品形态命名，如"梦笔生花""笔架峰""仙人晒靴"；有的则以历史故事或神话传说命名，如"苏武牧羊""武松打虎""太白醉酒""达摩面壁"等等。这些妙趣横生的名字不仅是对怪石形态的巧妙阐释，更蕴含着对传统文化的生动解读。原本静默的怪石因为被赋予了独特的名字而变得灵动起来，多姿多彩的形态与韵味悠长的名字，使人在观赏怪石的同时，有了一种艺术美的享受。

黄山怪石有数不清的民间传说

关于黄山怪石，有着数不胜数的历史故事与民间传说。相传唐朝著名大诗人李白曾多次到黄山游历。有一次，李白提着美酒，路过黄山温泉，沿桃花溪岸边走过时，见此地鸟语花香，听闻泉水幽鸣，便在此地饮酒听泉，乐而忘返。后来李白醉卧在一块巨石旁边，还把剩酒洒在了石头上，连石头也同他一起大醉了一场。"醉石"的名字就由此而来。

关于李白，还有这样一个传说。有一年春天，李白来到黄山，见北海山峰秀美，不禁诗兴大发，高声吟道："黄山四千仞，三十二莲峰。丹崖夹石柱，菡萏金芙蓉。"禅院中的长老听到这吟诗声，便走出门来，上前施礼，一经询问，原来面前这位翩翩秀士正是诗仙李白。长老忙吩咐小和尚拿来上好的米酒，与李白开怀畅饮。两人席地而坐，纵谈诗文，而李白深感长老待人诚恳，欲草书诗作相赠，以表谢意。小和尚忙准备文房四宝，李白借着酒兴，奋笔疾书，一挥而就，长老和小和尚们不禁连连赞叹。书毕，李白

大诗人李白曾多次到黄山游历

"梦笔生花"石

将毛笔顺手一挥，掷入空中。李白辞别长老而去，而当长老送别归来，回头一看，不禁大吃一惊。原来刚才李白掷下的那一支毛笔竟化作了一座笔峰，矗立在散花坞中。这就是今天著名的"梦笔生花"。

姿态奇巧的怪石，加上富有奇趣的名字，使人们对怪石的身世有了更多的想象空间。一块块石头在人们的心中凭空有了灵性，有了生命。就这样，在辽阔的峰林云海中，黄山怪石不仅演绎着黄山的灵动气质，也彰显着大自然精湛的锤炼之功。

（四）云海天是岸

"黄山自古云成海"。每当雨后初晴，蔚为壮观的云海奇景便出现了。漫天的雾气弥漫在山谷之间，白浪滔滔，浩瀚无际，瞬息万变，气象万千，构成了一幅奇特的云海大观。

所谓云海，是指在一定的天气条件下形成的云层，并且云顶高度低于山顶高度，当人们在高山之巅俯首云层时，看到的是漫无边际的云，如临大海之滨，故称这一现象为"云海"。大凡高山，都可见到云海，但是黄山云海却最为著名。一方面，黄山平均有云海的天数是中国山岳之首。黄山位于亚热带湿润性季风气候区，东南靠东海，西北倚长江，再加上山高谷深，林木茂盛，常年湿度大，水汽多，一年中有250多天云海翻腾，烟雾弥漫，号称"云雾之乡"。每当雨后天晴，低温高压，谷底水汽就会凝成云雾，形成云海。另一方面，黄山云海还有其独特之处。奇峰怪石与黄山古松在云海中若隐若现，增加了黄山云海的美感，这是其他山岳所不能与之媲美的。风平浪静之时，白云茫茫，一望无际，千峰万壑都淹没在云涛之中，只露出星星点点的峰顶，高耸的峰林此时也成了浩瀚云海中的一座座孤岛。转瞬之间，风起云涌，惊涛拍岸，云海中的岛屿在云雾翻腾中若隐

黄山自古云成海

浑然天成的自然之美

云海茫茫，浩瀚无际

若现，真是气势磅礴，波澜壮阔。流云散落在诸峰之间，时而波涛滚滚，浩浩荡荡，时而白浪排空，飞流直泻，时而涓涓细流，波平如镜。云海之美，不像人间，更似仙境。

黄山云海以美、胜、奇、幻而著称，一年四季皆可观赏。明清两代干脆称黄山为黄海，并按东南西北中五个方位，将黄山分为东海、南海、西海、北海和天海。五海各具特色，不一而足。据说观五海的位置也是有讲究的。玉屏楼观南海，清凉台观北海，排云亭观西海，白鹅岭观东海，光明顶观天海。光明顶由于顶部高旷平坦，不仅是观天海的最好去处，也可统观东海、南海、西海、北海，将五海烟云尽收眼底。追逐云海美景的人多了，便有了一种说法，将为了观云海而奔波的行为称为"赶海"。

山顶远眺云海景观

除了观海地点有讲究，在一些特殊的时节与条件下观云海，也能得到意想不到的视觉震撼。深秋时节，成片的红叶浮在云海之上，会出现红树铺云的奇观。而当云海经过北海双剪峰时，受两侧山峰约束，云雾从两峰间流出，向下倾泻，如大河奔腾，奔流不息，是黄山的又一奇景。在日出和日落时分，会出现所谓"霞海"，光华绚烂，涌金流银，使黄山更充满神圣色彩，辉煌灿烂。

云海表现出来的种种动态美，大大丰富了山水风景的表情和神采。黄山的奇峰、怪石只有依赖飘忽不定的云雾的烘托，才显得愈加扑朔迷离，更使它们增添了诱人的艺术魅力。

（五）温泉天下绝

黄山温泉，又称汤泉、朱砂泉，自古以来就被人们看作是一股神秘之水，是非同凡响的一处名泉，与奇松、怪石、云海并称"黄山四绝"。黄山温泉的水质透明，洁净澄碧，

浑然天成的自然之美

其味甘甜，可饮可浴。传说轩辕皇帝就是在此沐浴七七四十九日，得以返老还童，羽化飞升的，故又被誉为"灵泉"。

经现代技术化验分析，温泉水质以含重碳酸为主，无硫，且含有硅、钙、镁、钾、钠等对人体有益的氧化物，具有一定的医疗价值，对消化、神经、心血管等系统的某些疾病，有一定的治疗和保健功效。

黄山温泉的源头，相传来自朱砂峰。峰下有洞，洞中产朱砂。因此，人们也就把黄山温泉称为"朱砂泉"。又传说黄山温泉每隔300年左右就会流一次朱砂红水。据一些古籍

黄山温泉位于朱砂峰下，又名朱砂温泉

中记载，宋朝时曾有三个人来到黄山温泉，恰好赶上泉水变红，"洋洋若流血"，大地也随之震动，犹如雷声。三人感到非常震惊，就赶忙跑到附近寺庙，向庙中的和尚们说明情况。众僧一听，便说，这是朱砂水出现了。消息传开，山下的人纷纷赶来，或饮用或贮藏，又或在其中沐浴，以求健康长寿。到了明朝成化年间，又有相关记载说，有一次泉水忽然变红，整整三日，都没有人发现，只有一名和尚在其中沐浴，后来得以益寿延年，年过百岁。虽然这些都只是传说，但在1948年，黄山温泉确实发过一次朱砂水。红水经过化

黄山温泉景区一景

浑然天成的自然之美

朱砂峰

验，证实确实含有朱砂成分。而黄山温泉神秘的养生功效，更是世代相传。

　　黄山温泉也是一处美景。据说李白、贾岛、徐霞客等人都曾沐浴其间，并留下许多赞美的诗词。李白在他《送温处士归黄山白鹅峰旧居》诗中写道："归休白鹅岭，渴饮丹砂井。"唐代诗人贾岛在《纪温泉》长诗中也有"一濯三沐发，六凿还希夷。伐马返骨髓，

发白令人黥"的名句。

邓小平 1979 年 7 月游览黄山时，曾亲笔题写"天下名泉"四字，更令温泉格外生辉。

（六）黄山"第五绝"

黄山"四绝"天下闻名，但如今有一处黄山美景，常被世人赞为黄山"第五绝"，这就是黄山冬雪。黄山四季都有美景，而冬景尤为奇特。由于气候条件的不同，黄山冬雪不同于北方的雪，且又妙在与奇松、怪石、云海的完美结合，是当之无愧的自然极品。

冬日黄山，别有韵味，劈地摩天的天都峰，宛如银装素裹的神女；隔壑相望的莲花峰，如同一朵盛开的雪莲。洁白的冰雪将黄山装点成一个玉砌冰雕的晶莹世界，冰雪覆盖的狮子林，银峦相拥的玉屏峰，构成了一幅静中有动、动中有静的绝妙图景。据资料记载，冬季是黄山云海出现得最多的时节。云海茫茫，有时竟一连数日都不消散，云雾翻腾，再加上冰雪点缀，真是别有一番韵味。

雾凇、冰挂、飞雪，更是冬日黄山特有的景致。当气温下降到零下，有雾或毛毛雨时，树木、石块等物体表面会形成透明的冻结物，这就是雾凇现象。雾凇是黄山冬季的著名景色。每逢严寒隆冬，满山玉树银花，在灿烂的阳光中，晶莹闪烁，蔚为奇观。飞瀑也一

玉树银花

改往日的奔涌气势，将汉白玉似的半透明冰瀑挂在悬崖之上，银光闪烁，洁白无瑕，形成了神奇的"冰挂"奇观。而冰挂悬挂处又在雪的层层覆盖下，形成了"雪帘"，与冰挂并称"双绝"。

黄山冬景奇秀俊美，让人如临仙境。难怪说"黄山四季皆胜景，唯有腊冬景更佳"，黄山冬雪真是当之无愧的"第五绝"。

（七）黄山瀑泉

黄山不仅山明，而且水秀。清泉飞瀑，鲜活灵动，为胜景增色不少。黄山水景，数量众多，分布广泛，既有幽深的潭水，又不

黄山的独特地理环境使它容易
成云致雨

乏清澈的小溪，除了受人称道的温泉，更有
恢弘壮观的飞瀑。

由于群峰高耸，在黄山上空，冷暖空气
形成对峙的局面，容易成云致雨。雨水落入
山涧，溪流汇聚，瀑布飞虹，冲积为潭，潭
水满溢而成溪泉。黄山中有名可数的就有
三十六源、二十四溪、三瀑、十五潭、十五泉、
七池和二湖。如逢大雨，则山中的水体胜景
更是随处可见。诸溪纵横交错,深潭清澈见底。
流水潺潺，如同琴音，急流奔腾，声震山谷。
黄山是长江、钱塘江两大水系的分水岭，桃
花峰、云门峰西南诸溪，流经丰乐河，汇入

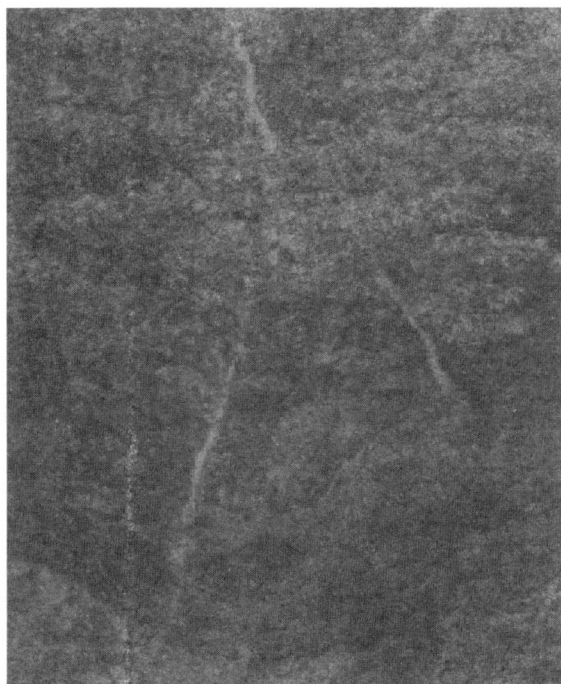

人字瀑

新安江，从钱塘江入海，北坡二十四溪，合流青弋江而汇入长江。山水迸泻，形成飞瀑，悬垂如练，溅珠喷玉。黄山水景中，以飞泉、瀑布为最。瀑布响似奔雷，泉水鸣如琴弦，一派鼓乐之声，别有风味。

黄山百丈泉瀑布

　　著名的"人字瀑""百丈泉"和"九龙瀑"，并称为黄山三大名瀑。人字瀑古名飞雨泉，在紫石、朱砂两峰之间流出，分左右走壁下泻，宛如两条白龙飞奔岩上。从观瀑楼看人字瀑，但见瀑水喷涌，一分为二，斜飞而下，恰似书法家笔下刚劲有力的"人"字。百丈泉位于黄山青潭与紫云峰之间，高近百米。瀑水

浑然天成的自然之美

黄山九龙瀑

顺千尺危岩而下，形成百丈瀑布，从观瀑亭看去，恰似巨幅白绢从悬崖披挂而下，飘忽潇洒，饶有情趣。九龙瀑在三大瀑中最为壮观，它源于天都、玉屏、炼丹、仙掌诸峰，位于丞相源下、苦竹溪上，因其一折一瀑，一瀑一潭，转折了九次，故称九龙瀑。"飞泉不让匡庐瀑，峭壁撑天挂九龙"，就是古人称赞九龙瀑的。

奇山必配丽水。黄山美景正是因为有了这些潺潺的流水、粼粼的波光以及或飘逸或奔涌的飞瀑山泉，才能如此灵动壮观。

三、回响千年的人文之韵

黔县古镇民居建筑

　　黄山之美，不仅源自她浑然天成的自然造化，更来自她积淀了千百年的人文韵味。天地间的美景荟萃成了这一片神秘的所在，而世世代代的华夏子孙，用他们的智慧和情怀铸就了黄山特有的风骨。传统的承继、文化的浸染，让黄山不再仅仅是一处自然美景。有着两千多年历史的黟县，是位于黄山周边的一个古县，这里保留下来的古民居，建筑精巧，风格明朗，是东方古建筑的艺术宝库，西递、宏村两个古镇就是其中的典型代表。作为茶叶之乡，黄山出品的黄山毛峰、祁门红茶等都是享誉海内外的珍品。黄山茶道讲求以茶立德，以茶陶情，而黄山的茶文化就在这怡情山水间世代相传。黄山与宗教有着密切的关系，黄山的山名就与黄帝炼丹的传说有关。得道成仙的故事也成了轩辕峰、浮丘峰等众多山峰名字的来源。黄山之中，各种道观庙宇交错林立，成为黄山不可缺少的人文景致。位于黄山之南的徽州地区，曾成就了历史上奇特的徽商现象，也曾聚集了无数的财富与繁华，在这样的背景之下，徽州形成了属于自己的独特文化。繁华落尽，今天的徽州不再有往日的极盛，但徽州文化却成为了经久不衰的典藏。可以说，徽州的历史与文化，乃至徽州的一切，都是这片绮丽的山水所赋予的。徽州文化与黄山，始终血脉相连。

（一）黄山周边的古镇

看罢黄山美景，又寻人间烟火。黄山周边的古镇，在悠久的岁月里积淀着自己厚重的历史，也承载着古老的文化传统。黄山的山水灵气，造就了这些千年古镇世外桃源般的气质。

黟县始建于秦始皇二十六年（公元前221年），迄今已有两千二百多年的历史，故有"古黟"之称。黟县因黟山而得名，总面积857平方公里，是全国历史最为悠久的文明古县

黟县古巷民居

黟县西递走马楼

之一。也是"徽商"和"徽文化"的发祥地之一。唐代诗人李白曾写下"黟县小桃源，烟霞百里间，地多灵草木，人尚古衣冠"的名句来赞美黟县。陶渊明游历于此，更是写下了千古不朽的名篇《桃花源记》。

黟县北枕黄山，南望白岳，四面群山环抱，山川秀丽，习俗淳美，自古便享有"小桃源"之美誉。黟县境内连绵的群峰与黄山联为一体，在历史上曾阻碍了古黟与外部世界的交往，但也造就了黟县"世外桃源"般的生态环境。由于历史上交通闭塞，极少经历战争劫难，16世纪徽商鼎盛时期留下的几千幢古民居得以保留至今，而且黟县境内还存有大量的明清民居、祠堂、牌坊、园林，因此被国内外众多的专家、学者誉为"东方古代建筑艺术宝库"，更有"中国传统文化缩影"之美誉。

黟县境内有许多古民居建筑村落，其中西递、宏村已被联合国科教文组织列为世界文化遗产，成为中外游人向往的游览胜地。

1. 西递

西递位于黟县东南部、黄山南麓，距黄山风景区仅 40 公里。西递之名是取村中三条溪水向西流之意，又因位于徽州府之西，曾

黟县西递西园"云林送思"匾额

黔县西递走马楼

设"铺递所"，是古代递送邮件的驿站，故而得名西递。它始建于北宋年间，发展于明朝景泰中叶，鼎盛于清朝初期，至今已有960余年的历史。据史料记载，西递始祖为唐昭宗李晔之子，因遭变乱，逃匿民间，改为胡姓，繁衍生息，形成聚居村落。西递自古文风昌盛，直到明清年间，一部分读书人弃儒从商，造就了繁盛一时的"徽商"。之后他们大兴土木，建房、修祠、铺路、架桥，将故里建设得气派辉煌。几百年过去了，经历了历史风雨侵袭的西递，仍然保留下来几百幢古民居，也保留了明清村落的基本面貌。因此，西递

黟县西递胡文照故居

村被世人称为"明清古建筑博物馆"。

西递所有街巷都以黟县青石铺地，古建筑为木结构，木雕、石雕、砖雕等丰富多彩，巷道、溪流布局相宜。村落中的古建筑色调朴素淡雅，建房多用黑色大理石，两条清泉穿村而过，九十九条高墙深巷，空间设置错落有致，体现了皖南古村落人居环境营造方面的杰出才能和成就，具有很高的历史、艺术与科学价值。

行走在西递的百年民居之间，体会到的不仅是古老的历史韵味，还有西递传承不息的人文气息。在西递，几乎家家都会悬挂楹

回响千年的人文之韵

联与题额，其中既透露着徽商经商的经验之谈，也蕴含着留给后代的做人道理，让一代代的后人谨记祖先教给他们的人生哲学。

西递就像是一个被现代社会遗忘的旧梦，在都市的喧嚣之外，在皖南的幽静之中，向人们呈现着最为朴素的民间生活，在缓慢的节奏中铺展着它千百年的波澜不惊。

2. 宏村

宏村，古称弘村，取宏广发达之意。它位于黟县东北部、黄山的西南麓，是一座奇特的牛"形"古村落。宏村始建于南宋绍熙年间（1131 年），清乾隆年间改为宏村，至今已有八百七十多年的历史。宏村是汪姓聚居之地，相传他们都是唐初越国公汪华的后裔。

宏村最为奇特之处是整个村子呈"牛"

黟县宏村古镇风景

形结构布局。巍峨苍翠的雷岗就像是牛首，参天古木是牛角，九曲十弯的水渠形如牛肠，月形的池塘"月沼"就是牛胃，村南的湖泊"南湖"被看做牛肚，绕村的溪河上架起的四座桥梁作为牛腿，由东而西错落有致的民居群则宛如庞大的牛的身躯。村中各户皆有水道相连，汩汩清泉从各户潺潺流过，真是"浣汲未防溪路远，家家门前有清泉"。这种别出心裁的科学的村落水系设计，为宏村的村民们解决了生活、防火及灌溉等种种方面的用水问题，体现了古代人民的高超智慧，在今天看来仍然是一大奇举。

同西递一样，宏村也是皖南徽派民居村落的独特代表。宏村的建筑主要是住宅和私家园林，也有书院和祠堂等公共设施。各类建筑都注重雕饰，木雕、砖雕和石雕细腻精美，具有极高的艺术价值。全村现完好保存明清民居一百四十余幢，其中最大的建筑群承志堂，堪称建筑中的佳作，以其雕饰精美、富丽堂皇，被今天的专家们誉为"民间故宫"。承志堂建于清咸丰五年（1855 年），是清末大盐商汪定贵的住宅。整栋建筑为木结构，内部以大量的砖、石、木雕装饰，建筑面积三千余平方米，是一幢保存完整的大型民居

黟县宏村剑琴树拍马头墙

黔县宏村剑琴树乐山书屋

建筑。虽然历经几百年的沧桑变化，但那些巧妙的布局、精美的装饰，以及不同凡响的恢弘气势，依然显示着它的主人当年的富贵奢华与无限风光，而且也为今人展现着一个逝去时代的繁华与落寞。

（二）黄山与茶文化

中国的茶文化可谓源远流长。茶，不仅仅是一种饮品，更代表着一种情趣、一种意境、一种传世的文化。

名山出名茶。明代许次纾的《茶疏》中写道："天下名山，必产灵草，江南地暖，故独宜茶。"黄山在历史上就是茶叶之乡。享有

徽州茶楼

盛誉的黄山毛峰、祁门红茶、太平猴魁等等，都是茶中精品。黄山风景绝美，黄山人世代生活在这好山好水之中，自然怡情山水，不仅品茶爱茶，也创造着自己传世的茶道与茶文化。

徽州地处皖南山区，倚靠黄山，山灵水秀，土质肥沃，茶树遍布。徽州植茶始于南朝，茶文化源远流长。徽州茶文化涉及茶道、

祁门茶园文化在国内享有盛名

茶礼俗、茶饮习、茶建筑等与茶有关的各种文化活动，融诗文书画等艺术于一体，是中国茶文化的重要组成部分。徽州人一年中，饮茶不断，但形成传统习俗的有朝茶、午茶、夜茶。早晨洗漱完毕，饮一杯香茶，沁人心脾，一天都精神爽朗。而午茶与朝茶不同，它讲究的是浓。午饭之后，饮一杯浓茶，消食健胃。夜茶讲究的是舒适、随性。当夜幕降临，在庭院中饮一杯清茶，劳作一天的疲倦顿时消解，代之以逍遥惬意。黄山人沏茶，又很讲究水，清澈甜美的山泉是最好的，其次是河水，井水次之。

徽州茶道讲究以茶立德、以茶陶情、以

茶会友、以茶敬宾，注重环境与气氛，追求汤清、气清、心清。古徽州奉行朱熹的《家礼》，礼仪严格，用作待客的茶礼就更为讲究。客人到来，主人第一道礼便是上茶。当有贵客造访，或遇喜庆之事，讲究吃"三茶"，即枣栗茶、鸡子茶、清茶。枣栗茶是指吃蜜枣煮板栗下茶，鸡子茶则是吃五香鸡蛋下茶。按照旧俗，大年初一全家人要吃三茶，正月来客拜年要吃三茶，婚礼、新女婿上门也要吃三茶。

黄山茶叶的历史可追溯到1200年前的盛唐时代。经过不断的发展，明代的黄山茶不仅在制作工艺上有很大提高，品种也日益增

黄山茶园

多，而且这时的黄山茶已独具特色、声名鹊起。提到黄山茶，就不得不提黄山毛峰。清代江澄云《素壶便录》中记述：“黄山有云雾茶，产高山绝顶，烟云荡漾，雾露滋培，其柯有历百年者，气息恬雅，芳香扑鼻，绝无俗味，当为茶品中第一。”据考证，记载中提到的黄山云雾，应是今天黄山毛峰的前身。黄山毛峰由清代光绪年间谢裕泰茶庄所创制，是中国的十大名茶之一。上等的黄山毛峰，形似雀舌，白毫显露，色似象牙，鱼叶金黄，冲泡后，汤色清澈，滋味鲜浓、醇厚、甘甜，叶底嫩黄，肥壮成朵。黄山毛峰以其独特的品质，成为我国茶叶中的珍品，同时也名扬海内外。

黄山毛峰茶

关于黄山毛峰，还有这样一个传说。明朝天启年间，江南黟县新任县官熊开元带着书童到黄山中游玩，不慎迷了路，幸好遇到一位老僧，便借宿于寺院之中。这位长老泡茶待客的时候，知县惊异地看到，这茶叶叶色微黄，身披白毫，用开水冲泡下去，热气便绕碗边转了一圈，转到碗中心就直线升腾，约有一尺高，然后在空中转一圆圈，化成一朵白莲花，白莲又在空中散做一团云雾，热气飘荡，顿时香气满室。知县从长老处得知，这种茶叫做黄山毛峰，而且临别时长老还赠送给他一包茶叶和装有黄山泉水的葫芦，并嘱咐他说："这黄山毛峰必须用黄山泉水冲泡才能出现白莲奇景。"熊知县回来之后，心中

沏上一杯黄山毛峰茶，顿时香气缭绕

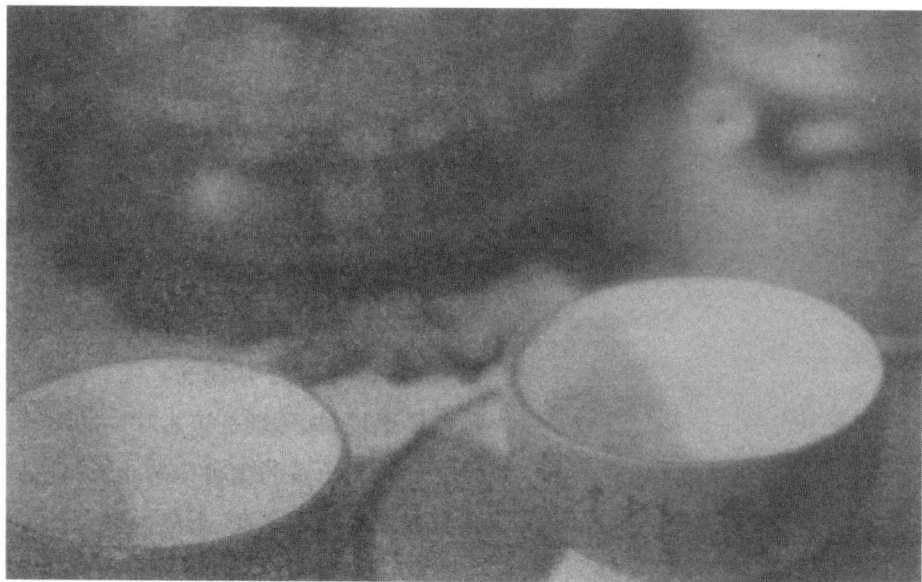

黄山毛峰茶

欣喜，恰逢同窗好友太平知县来访，便冲泡了黄山毛峰，为他表演了一番。太平知县也甚为惊喜，为了邀功请赏，就悄悄来到京城向皇上进献仙茶。谁知太平知县被传令进宫表演时，却不见有白莲出现，皇帝大怒，无奈之下，他只能说出了实情。皇帝于是下令召熊开元入宫受审，熊开元只得向皇帝解释只有用黄山泉水冲泡才能出现白莲奇景的情况，并请求回黄山取水。熊知县再次来拜见长老，取了山泉回去，在皇帝面前表演了冲泡黄山毛峰出现白莲的奇观。皇帝看后大悦，就升任熊知县为巡抚，择日便可上任。熊知县经过此事，心中感慨万分，便在心中暗忖道："黄山名茶尚且品质清高，又何况人呢？"于是，他脱下了官服玉带，来到黄山之中，出家做了和尚，法名正志。如今在苍松入云、修竹夹道的云谷寺下的路旁，有一襞庵大师墓塔遗址，相传就是正志和尚的坟墓。

品味黄山茶的幽香清醇，就仿佛体会着黄山的仙山美景、山灵水秀，黄山茶正以其清高的品格以及古老的文化气息，感染着世世代代的华夏子孙。

(三) 黄山与宗教文化

1. 道教与黄山

黄山自古就被认为是一座充满着仙灵之气与神秘色彩的仙山。一提到道教在黄山的历史，就不得不提到轩辕黄帝。从黄山名字由来的古老传说中，我们就能知道，黄山与道教有着密切的关系。关于黄帝在此炼丹升天的故事，流传千年，影响甚广，今天的轩辕峰、浮丘峰，以及炼丹、仙人、上升、仙都、道人、望仙诸峰，都与这古老的神仙故事有关。轩辕黄帝的清静之术为后世道教所推崇，他们认为道教就是始于轩辕黄帝，推崇黄帝

轩辕黄帝被认为是道教的始祖

为道家始祖。道教典籍《庄子》中就说："世之所高，莫若黄帝。"而黄帝，也成为了最早与黄山有着千丝万缕关联的道教名人。

位于黄山脚下的齐云山，又被称为白岳，因其"一石插天，与云并齐"而得名。这座以道教文化和丹霞地貌为特色的山岳，是我国著名的四大道教名山之一，历史上也有"黄山白岳甲江南"之美称。

道教何时传入黄山地区，今天已无从考证，但据传在唐朝以前这里就有道教活动。黄山九龙峰下的九龙观、浮丘峰下的浮丘观是境内最早的道观。唐以后建有真常观、升

齐云山古称"白岳"，是道教名山之一

真观、城山观、步云亭、仙坛道观、松谷草堂、九龙观、东岳观、三义殿等十多座道观。其中九龙观、升真观、真常观都是由皇帝赐额。但到了明末清初，道教逐渐衰落，原来的道观有的废圮，有的改为寺庵，全山范围内，几乎找不到道教活动的踪迹了。

黄山自古就被认为是一座充满神秘色彩的仙山

黄山的空灵美景，使它成为道教教徒心中最完美的修行圣地。而道教文化赐予黄山的，除了那些饱含历史气息的古老道观外，还有黄山品之不尽的文化气韵。

黄山掷钵禅院，后改名云谷寺

2. 佛教与黄山

"天下名山僧占多"。名山的开发，往往和宗教密切相关，黄山当然也不例外。据史料记载，佛教早在南朝时期就传入了黄山。唐贞观初年，唐太宗诏令天下，"交岳之处，建立寺刹"。之后，在黄山境内就兴建起为数众多的寺院。据统计，唐宋时期，境内共建寺院 37 座，其中黄山就有 19 座，可见佛教在黄山地区的兴盛。

南宋至元朝，由于战争和异族统治，佛教发展出现停滞。两百余年间，境内只建了庙宇六座，而以前的寺院因年久失修，又有许多荒废了，这种情况直到明代时才有所缓解，佛教在黄山地区又有了恢复发展。到了清朝康熙年间，寺庙扩建，僧侣数量也大大增加，有寺庵上百座。道光后，一方面由于战火的侵袭，一方面来自水火灾害的破坏，使得佛教又陷入了衰落。民国之后，佛教活动就更为冷清了。

黄山众多寺庙之中，有祥符寺、慈光寺、翠微寺和掷钵禅院，号称黄山"四大丛林"。在黄山历代的佛教信徒中，能吟诗作画者为数不少，也留下了许多诗画珍品。著名的有唐代的岛云、明代的海能、清代的渐江等等，都有许多传世佳作。

宗教文化笼罩下的黄山，愈发显得深沉

黄山翠维寺

黄山慈光寺

厚重，而黄山正是在这样的氛围中，翻腾着气象万千的云雾，吞吐着千百年的历史与文化。

（四）黄山与徽州文化

人类在黄山地区的发展历史十分悠久，早在六七千年前，母系氏族社会的后期，人类就已经在这片美丽富饶的山区中劳作生息了。在距今三四千年的殷商时期，这里居住

安徽黟县西递雨后古巷

着一支叫山越的先民，到了春秋战国时期，这里先后归属于吴、越、楚三国。秦始皇统一六国之后，实行郡县制，这里为会稽郡属地。南朝时设置新安郡，徽州古称新安，大概就源自于此。

徽州位于今天的皖南地区，自秦朝设置郡县以来，已经有两千二百余年的历史。关于徽州名称的起源，一说因其境内有徽岭、徽水、大徽村等，所以因地得名；另一说宋朝统治者取"徽者、美善也"之意，是为炫耀其统治。

古徽州是徽商的发祥地，明清时期徽商称雄中国商界三百多年，有"无徽不成镇""徽

皖南水乡

回响千年的人文之韵

黟县宏村承志堂大厅

商遍天下"之说。以徽商、徽剧、徽菜、徽雕和新安理学、新安医学、新安画派、徽派篆刻、徽派建筑、徽派盆景等文化流派构成的徽学，更是博大精深。徽派文化底蕴丰富，内涵深广，是中国三大区域文化（藏学、敦煌学、徽学）之一。

古代徽州处于群山环抱之中，地势偏远，每当中原处于战乱年代，这里就成了乱世中的世外桃源，成为卧虎藏龙之地。古徽州文风昌盛，教育发达，多儒生雅士，因此历史上以才入仕、以文垂世者，数不胜数。

徽州文化独具特色，异彩纷呈，代代相传且人才辈出。活字印刷术创始人毕昇，宋

安徽黟县宏村胡氏宗祠

代理学集大成者朱熹，明清三朝元老、军机大臣许国、曹振镛，富可敌国的大盐商鲍漱芳，著名戏剧家汪道昆，医学家汪机、汪昂，徽墨、歙砚高手李廷，新安画派的创立者和近代著名代表渐江、黄宾虹，哲学家戴震，理财家王茂荫（马克思《资本论》中提到的唯一中国人），珠算大师程大位，近代教育家、学者陶行知、胡适，音乐家张曙，还有工程技术专家詹天佑、郑复光，孙中山元帅府秘书长、近代法学家徐谦等，都是徽州人。

徽州文化内涵丰富，徽州人在文化领域里创立的众多流派，几乎涉及了当时所有的文化领域，并且以其自身的特色在全国范围

徽州文化如同这斑驳的城墙，满载历史

内和历史的变迁中产生了极大的影响。徽州文化的博大精深，难以一言概述，但可以肯定的是，徽州文化与黄山是血脉相连的，神奇秀美的黄山，造就了人杰地灵的徽州，也成就了底蕴深厚、历史悠久的徽州文化。

四、文人墨客的云梦之乡

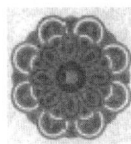

徐霞客画像

　　黄山的神奇与秀美一直令无数诗人、画家和其他艺术家们叹为观止。他们纷纷将足迹留在黄山，并将黄山的美景镌刻在心中，更留下了不可胜数的艺术作品。明朝的地理学家、旅行家和文学家徐霞客，抱着游遍天下的志向，将他的足迹留在了祖国的大江南北。对于古人来说，黄山的大片云雾与陡崖断壁都是他们试图走进这座神秘大山的障碍，在徐霞客之前，很少有人能进入黄山。直到徐霞客登临黄山，发出了"登黄山，天下无山，观止矣"的慨叹，黄山美景才因徐霞客的盛赞而传遍天下。黄山的奇特美景成为了画家们笔下的浓墨淡彩。明末清初的新安画派，就是一个以黄山及徽州山水为主要题材的绘画流派。他们从黄山的灵动与气韵中汲取着艺术的灵感，将山水的精神融入到画作之中，使黄山在他们的水墨纸张间活灵活现。黄山伟大的自然美，使无数诗人、画家和其他艺术家叹为观止，留下了不可胜数的艺术作品。而在民间，也流传着不胜枚举的与黄山有关的美丽传说。虽然只是传说而并非信史，但它们却以一种独特的浪漫姿态见证着黄山的历史与文化。

黄山吸引着一代又一代人前来
品读它的美景

（一）徐霞客的发现之旅

提到黄山，人们往往会想起那句"五岳归来不看山，黄山归来不看岳"。这句流传千古的赞美之词，吸引着一代又一代人争相前往那座神秘的仙山，去探访先人的足迹，品读黄山的美景。而这句对黄山的绝美称赞，正是出自徐霞客。

徐霞客是明朝著名的地理学家、旅行家和文学家。他成长于书香门第，自幼好学，博览群书，尤其钟情于地经图志。少年时的徐霞客就立下了"大丈夫当朝游碧海而暮苍梧"的远大志向，发誓要走遍中国的山山水水。在研读了地理文化方面的众多书籍资料之后，徐霞客开始了他的旅程。他写于沿途的大量日记，后来有许多都散佚了，但所幸还有部分遗稿保留了下来，并由他的朋友帮助收集整理，辑成了今天我们所看到的《徐霞客游记》。据这部游记所载，徐霞客的足迹曾遍及了今天大半个中国，在完全没有政府资助的情况下，他先后游历了江苏、安徽、浙江、山东、河北、河南、山西、陕西、福建、江西、湖北、湖南、广东、广西、贵州、云南等十六个省、自治区，东到浙江的普陀山，西到云南的腾冲，南到广西南宁一带，北至河北蓟县的盘山。

公元 1616 年，徐霞客来到了黄山，开始了他的发现之旅。风尘仆仆的徐霞客，此时

黄山冬景

文人墨客的云梦之乡

黄山归来不看岳

面对的是一座从前并不为世人所熟知的大山。他小心翼翼，寻踪觅径，独自一人走进了这座神秘的大山。当他费尽周折攀登到了光明顶上，眼前滔滔的云海顿时令他无比震撼。雾气渐渐消散，云散日出，霞光灿灿，黄山仙境般的美景呈现在徐霞客的面前。这位"五岳寻仙不辞远，一生好入名山游"的大旅行家，在游历了众多的名山大川后，仍然被眼前的黄山美景所深深震撼。他感叹道："薄海内外，无如徽之黄山。登黄山，天下无山，观止矣！"正是这一声慨叹，让黄山真正地进入了世人的视线中，激起了此后无数人对黄山的向往与憧憬。

在第一次登临黄山之后的两年，也就是

如梦如幻的黄山西海大峡谷

1618 年，徐霞客第二次来到了黄山。经过这两次细致的游览与考察，徐霞客以他深邃的眼光和卓远的见识，在日记中记录了黄山的地貌特点，明确地指出了黄山四周溪流的流向以及发现莲花峰是黄山的最高峰等等。在其先后两篇《游黄山日记》中，徐霞客用优美的语言详细地描绘了黄山的诸多景观及其特征。他笔下的黄山松"破石而出，盘结于危岩峭壁之上，挺立于风牙决壑之中，或雄壮挺拔，或婀娜多姿，浩瀚无际，与朝霞落日相映，色彩斑斓，壮观瑰丽"，生动刻画出了黄山松的奇绝品貌与坚韧性格。而他更在文章中感慨道："不意奇山中又有此奇品也！"可以说，徐霞客的《游黄山日记》，不仅是一篇精确严谨的科学考察笔记，更是一篇为世人呈现黄山壮美面貌的优美散文。

徐霞客以热情细腻的笔触，描绘了一幅千岩竞秀、松涛云海的壮丽图画，不仅为后人留下了研究古代黄山地貌特征的珍贵资料，也让我们见识了黄山的历史以及她永恒不变的魅力。

黄山气势宏伟，巍峨挺拔

黄山

新安画派笔下的黄山

（二）明清画派笔下的水墨黄山

明代以后，也就是徐霞客发现黄山以后，黄山愈发成为文人墨客们所钟爱的寄情之地。他们纷纷登临黄山，将自己的足迹留在了这片奇美的山水之间，又在与山水交融的过程中抒发着自己的情怀，情景相融，物我两忘。

新安画派是明末清初之际活跃在安徽南部的一个绘画流派，主要成员是一些徽州地区的遗民画家和当时寓居外地的徽籍画家。他们善用笔墨，貌写黄山，借描画景物抒发自己的情怀，在画论上提倡画家的人品和气节，绘画风格趋于枯淡幽冷，具有鲜明的士

石涛作品《黄山》

人逸品格调。由于这群画家的地缘关系、人生信念以及绘画风格具有明显的同一性质，所以时人称他们为"新安画派"。自从清朝康熙年间的艺术理论家张庚最早提出这一名称，后人一直沿用，"新安画派"的名称就这样固定并流传了下来。

新安画派成员众多，力量雄厚。早期代表人物之一渐江，也曾经想在反清复明的浪潮中拿起武器，但最终他还是选择遁入空门，隐居黄山。重拾画笔的渐江，在黄山中找到了他精神的寄托。孤立的山峰、断裂的山石、扭曲的松树，恰好契合了渐江国破家亡后的内心世界。他把黄山当作自己的知音，用他

他人所 戒吾慶 寫之善

石涛的山水画作品

的灵性之笔，抒写了黄山的真性情。渐江笔下充满着奇山异石的黄山，也正是他心中破碎山河的写照。

　　同样是一位画僧，石涛并没有那么多关于自己身世的故事。作为一个僧人，他从禅门转入画道，画作中常有一种超凡脱俗的意境。要"搜尽奇峰打草稿"的他，曾多次登

石涛作品《巨壑丹崖图》

临黄山，在真山真水中追寻创作的素材。石涛用一生的时间感悟着黄山的气韵，用他的笔墨画出了黄山的虚实隐显、草木枯荣。他独树一帜的画法，也为后人留下了绝世妙笔。石涛的好友梅清，在石涛作品的感染下，也走进了黄山，并以黄山的景色为依据创作了大量的作品，他自己也说："余游黄山之后，凡有笔墨，大半皆黄山矣。"更可见黄山在艺术创作中的重要地位。由于石涛与梅清的介入，新安画派突破了地域的局限，形成了完全以黄山取材进行艺术创作的"黄山画派"。他们以凝重简练的笔墨、明快秀丽的构图和清高悲壮的风格、深沉宏达的旨意，在画坛独树一帜。石涛、梅清、渐江被称为黄山画派三巨子。现代著名书法家贺天健曾评论这三人道："石涛得黄山之灵，梅清得黄山之影，渐江得黄山之质。"

行走于黄山的画家们，在明山秀水之中，体悟山水之精神，又将其揉合进自己的画作当中。他们既用黄山的秀美奇傲来宣泄内心的苦闷，又以黄山禅宗般的空灵意境来表现超凡脱俗的忘我境界。黄山气象万千的气韵与动静相宜的姿态，充满了灵动之感，让画家们感受着黄山的灵气，也感受着黄山与自

己心灵间的默契。

中国写意山水是中国国画的极致表现，追求借景抒情，以有限表现无限，与西方的写实风格不同，强调的是气韵。黄山的云海，正赋予了画卷绝佳的气韵。云雾升腾，如梦似幻，气象万千，瞬息万变。大山形态总有止境，而黄山却能以变化取胜，灵动悠远，永无止境。黄山以她独特的风骨成就了中国的山水画艺术，而中国的山水画，也让黄山升华为一座充满文化韵味的名山。

（三）古典诗词中的黄山情韵

文人墨客对于山水，有一种异乎寻常的钟爱。

黄山云海赋予了画卷绝佳的韵味

无数文人墨客在黄山留下诗文

黄山这座在中国文明史上扮演着特殊角色的神奇之山，始终在中国自然和人文的历史上清晰生动，摇曳多姿。除了山水画卷，文人墨客们更以唯美的诗文，抒写着他们心中的黄山。

从盛唐到晚清的一千二百多年间，赞美黄山的诗文数不胜数。丰富的内容与体裁，使这些文学作品能够从各个侧面发掘与捕捉黄山之美。散文中，以徐霞客的《游黄山日记》

黄山美景

最为著名，此外还有袁枚的《游黄山记》等作品，都体现了黄山绝美秀丽的风姿。古典诗词这一传统文化的瑰宝，以它们优美的语言、丰富的意蕴以及艺术的抽象魅力，在中国传统文学的长河中熠熠生辉。以黄山取材的诗词为数众多，佳作迭出。温庭筠、卢照邻、李白、贾岛、范成大、石涛、龚自珍、袁中道，直至郭沫若、老舍，都有不少佳作流传于世。

诗仙李白常将豪情挥洒在山水之间

诗仙李白，以率性洒脱而著称，常以诗酒为伴的他，也将豪情挥洒在山水之间。多次登临黄山的他，也被这奇景所感染，留下了许多旷世名作。他与隐士殷十四夜泊黄山脚下，作《夜泊黄山闻殷十四吴吟》记此事；登黄山送溧阳尉李济押解漕运粮船东下，吟《登黄山凌台送族弟溧阳尉济充泛舟赴华阴》；过龙门渡时赋《泾溪东亭寄郑少府谔》；此外更有《送温处士归黄山白鹅峰旧居》《赠黄山胡公晖求白鹇》等记事抒情之作。"黄山四千仞，三十二莲峰。丹崖夹石柱，菡萏金芙蓉。"黄山的雄奇峻秀感染着这位才情狂放的诗人，他行走在黄山之中，将他的浪漫情怀融入到黄山的仙山幻境之中，且行且吟，留给后人的不只是"梦笔生花"的美丽传说，还有那些至今仍闪烁着光芒的千古佳作。

从宋代诗人张冠卿的"路尽清溪逼画图，乱云深处插天都"（《游黄山留题》）中挺拔的天都峰，到明代方勉的"百道飞泉鸣玉佩，千寻石柱架琼峦"（《题黄山》）中的飞泉与群峰；从明代唐世靖的"一线天高不可升，穿云深处有梯登"（《百步云梯》）中的百步云梯，到清代魏源的"峰奇石奇松更奇，云飞水飞山亦飞"（《黄山绝顶题文殊院》）中动静相宜的黄山全景，还有宋代朱彦的"嵩阳若与黄

黄山的雄奇峻秀感染了许多诗人，令他们留下千古佳作

黄山云海景观

山井，犹欠灵砂一道泉"（《游黄山》）中的黄山温泉，尽显黄山之大气磅礴，处处都是美景，处处皆可入诗。明代文学家袁中道在《黄山》一诗中感叹道："貌山多溢语，此地愧难诠。"意思是说黄山之奇伟宏大，已经难以用文字来形容，黄山的意境更不是用文字可以诠释的。

文人墨客们心中的黄山究竟有多美？今天的我们也许能从李白的这首《山中问答》中追寻到答案：

问余何意栖碧山，

笑而不答心自闲。

桃花流水杳然去,

别有天地非人间。

（四）绚丽多彩的民间传说故事

黄山自古以来就以她超然于世的姿态吸
引着世人的目光，也成为人类艺术创作不竭
的源泉。除了文人们的直接创作，还有许多
流传于民间的美丽传说，在人们的世代传诵
中，编织起一个个依附于黄山奇景的传说故
事。其中既有对真善美的向往，也有对假恶
丑的鞭挞，因此更赋予了黄山灵动的生命气
息，用人们美好的心灵，书写着一道道别样

黄山的奇伟宏大难以用文
字诠释

云海卷舒，苍松道劲，怪石峥嵘，峭峰林立

的动人风景。

云海卷舒，流泉飞瀑，苍松虬劲，怪石峥嵘，黄山的诗化意境简直就是神话传说的天然背景。从黄帝炼丹升天的传说开始，我们知道了黄山名称由来的故事。提到名字，黄山有名可数的七十二峰，以及众多造型各异的怪石，它们的名字也都各有来历。在介绍黄山自然景观的时候，我们已经提及了不少民间传说故事，既有莲花峰来历的传说，也有李白"梦笔生花"的故事，其实，这样的传说在民间数不胜数，"猴子观海""仙人指路""飞来石"等等名字的背后，都是一个又一个美丽的遥远传说。

在云谷寺到皮篷路口，有一怪石屹立峰

巅，状似身着道袍的仙人，一手举起，似为游客指引进入皮篷之路，故名"仙人指路"。它之所以久负盛名，不仅仅在于外形酷似仙人，而且因为它的背后还有一段对世人颇有启发的故事。相传很久以前，有一位两岁能文、四岁会武的神童，只因后来科场失意、擂台负伤，改行经商后又把老本蚀光，在走投无路之时就奔赴黄山来寻师访仙，哪知跑遍了千峰万壑，却连半个人影都没有见到。吃光了干粮的他只能靠吞野果维生，渐渐骨瘦如柴，终于有一天昏倒路旁，奄奄一息。不知过了多久，来了一位身背篾篓、脚着山袜芒鞋的老人，把神童救醒过来，问明情况后，老人哈哈一笑说："你怎么聪明反被聪明误呢？这世上哪里有什么神仙，你快回家去找个力气活干吧，免得在这荒山野岭中丢了性命，白白喂了豺狼虎豹。"说完还送些野果给神童路上吃。神童心想老人的话是对的，就千恩万谢地辞别了老人。没走多远，他猛一下醒悟过来，"我跑遍全山连个人影也没见过，那老汉分明就是仙人。"他回头就追，追上老人后就双膝跪地，苦苦哀求老人给指引一条成仙得道之路。老人说："我哪里是什么神仙。实不相瞒，我前半生被名利二字害得家破人

黄山风光

仙人指路石

亡,这才看破红尘,隐匿于此。"神童半信半疑,但见老汉风度不凡、气宇若仙,便决心拜老人为师,苦苦哀求不止。谁知等他抬头再看时,这老人却变成了一块高大魁伟的"仙人指路"石。神童又在石头前百拜千叩,忽然石头人肚里发出声音:"踏遍黄山没见仙,只怪名利藏心间。劝君改走勤奋路,包你余生赛神仙。"神童最终听了仙人的话,后半生不但成家立

黄山日出奇景

业，而且日子过得很红火。清人曹来复写诗记之道："世事多乖错，投足皆模糊。请君出山去，到处指迷途。"

"仙人指路"当然只是一个传说，但它以寓言的形式让人们明白了做人的道理与人生的意义。这些来自黄山的民间神话传说，虽然荒诞离奇，却都耐人寻味，体现着民间百姓最质朴的情感和对善良美好心灵的追求。

黄山以其天开雄奇的不朽魅力，哺育了无数艺术家的艺术创作，又展示、寄托着创作者对大自然的领悟、对话，以及对美的不

黄山怪石奇峰

黄山的奇特景观成为无数文
人心中的云梦之乡

懈追求。黄山，真正地成为了世人心中的人
间仙境，成为文人墨客们心中的云梦之乡。

五、黄山归来不看岳

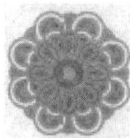

黄山雪松

中国自古有五岳名山，而黄山不曾位列其中。许多人都有这样的疑问：人常说"五岳归来不看山，黄山归来不看岳"，既然黄山有如此人间美景，为何竟不在为世人称颂的"五岳"之列？这段"封岳"历史的背后，又有着怎样的故事呢？今日之黄山，俨然成为世界遗产名录中熠熠发光的一颗明珠。自1990年被列为世界自然与文化双重遗产，黄山更为世人所关注，作为一座奇山愈加驰名海内外。

（一）五岳之中为何没有黄山

一句"五岳归来不看山，黄山归来不看岳"，将黄山定位在了五岳乃至群山之上。的

确，黄山之景，变幻莫测，动静相宜，四时
而不同，高低而有别，景色之绝美令人为之
倾倒。比之五岳中任何一座山岳，都无逊色
之处。但"五岳"之中为何没有黄山呢？这
还要从"五岳"的来历说起。

五岳中的"岳"，意思是高峻的山。在中
国，具有气势的大山才能被称为"岳"。中国
古代的五岳，指的是东岳泰山（山东）、南岳
衡山（湖南）、西岳华山（陕西）、北岳恒山（山
西）、中岳嵩山（河南）。古代帝王附会五岳
为群神所居之处，五岳也成为帝王们举行封
禅、祭祀盛典的场所。五岳原是远古山神崇
拜、五行观念和帝王巡猎封禅相结合的产物，

黄山之景变幻莫测

黄山归来不看岳

但是随着时代的发展，山上独特的自然景观逐步被人们开发出来，今天的五岳已成为自然和人文景观兼具的风景名胜区。泰山之雄，华山之险，衡山之秀，恒山之幽，嵩山之峻，可以说各具特色，闻名于世。

"五岳"之称始于何时，史书记载不尽相同。据说夏商时代只有东、西、南、北四岳，没有中岳，直至汉武帝时才创立五岳制度。到了汉宣帝时代，皇帝颁发诏书，确定以山东泰山为东岳，陕西华山为西岳，安徽霍山（即天柱山）为南岳，河北恒山为北岳，河南嵩山为中岳。隋文帝杨坚统一之后，又下诏改

黄山一景

黄山

称湖南衡山为南岳。这样，"五岳"便沿称至今。

从史料中可以看到，从汉朝时确立"五岳"制度开始，能够成为"五岳"的五座大山，地理位置都是处在我国经济开发较早的地区。东岳泰山，在商代就是我国经济、文化中心；北岳恒山，也在中原文化的影响范围之内；西岳华山和中岳嵩山，一个处在关中要津，一个位于中原腹地，都是华夏文明的最早发源地；而南岳衡山更是我国南方的经济、文化开放地区。相比之下，此时的黄山却静默于皖南的万山丛中，无人知晓。

由于黄山不通大道，不近水流，交通至为阻塞，山中更是无路可寻，因此，黄山被人类发现是很晚的事，更不用说山上自然景观的开发了。从今天能看到的史料中可以知道，唐朝以后，才开始有游人进入黄山，而明朝大旅行家徐霞客的到来，可以说是黄山从默默无闻到惊动世人的转折点，这时的黄山才开始真正为世人所熟知，成为一座名山。黄山出名，与五岳相比，至少要晚一千年，当然不能与五岳相并，不在"五岳"之列也就不足为怪了。

（二）堪比五岳的人间仙山

黄山一直有黄岳、黄海、小华山等别名和美称。自古以来，历游名山者多认为黄山之美不亚于五岳。除了徐霞客的赞美，明代

黄山险峰

黄山

著名书画家董其昌也认为黄山"秀甲九州"。黄山"天下第一山"的美誉，也历来得到世人的认可。

　　黄山四季景色各不相同，初春千峰苍翠，繁华似锦；盛夏泉水幽鸣，峭壁飞瀑；仲秋枫松相见，霞彩漫天；严冬遍山素裹，玉树琼楼。黄山夏无酷暑，冬少严寒，晨昏暮霭，瞬息万变。无论泰山之雄伟，华山之险峻，衡山之烟云，雁荡之巧石，峨眉之秀丽，庐山之飞瀑，种种秀美、神奇都已集于黄山之一身。黄山有"四绝"，又不止于"四绝"，千峰万壑一望无际，奇松怪石各有巧姿，湖瀑溪潭，争奇斗艳，烟云飘渺，浩瀚似海。

黄山之美得到世人的认可

黄山归来不看岳

难怪每一个登上黄山的人，都会为她彻底折服，叹为观止——"任他五岳归来客，一见天都也叫奇""谁信天地间，竟有山头海""翠影岚光千万状，我虽能到未能言"。据说郭沫若当年登上黄山之顶，只写下了一句"深信黄山天下奇"。作为一代文豪，人们当然希望他能为黄山留下更多更好的文章，但郭沫若思忖良久说："李白登黄山尚且没有留下更多传世的文章，又何况是我呢。如果要多说，还是徐霞客的那句话，'登黄山，天下无山，观止矣'。"

黄山晚霞景观

看遍黄山奇景，品读过黄山文化，我们终于能够明白"大象无形"的黄山究竟有着怎样的魅力。视黄山为知己的中国文人，始终寻觅着天地人之间的和谐意境，而充满仙灵之气的黄山，正是他们孜孜以求的心灵境界。中国人认为，看过五岳可以不再看其他的山，而看过黄山可以连五岳都不必看了。酷爱山水的中国人从来没有停止过对黄山的喜爱，并把她作为衡量一切大山美的标准。黄山这来自造物者的馈赠，成为了中国人心目中美的化身。

（三）世界遗产名录中的黄山

黄山美景自呈现在世人面前的那一天起，就注定了她不凡的命运。中国人对黄山独特的

黄山一年四季皆可观

黄山风光

黄山
116

黄山风景区被列入世界
遗产名录

感情与极度的推崇，终于让这座"天下第一山"扬名海外，让世界的目光投向了这座美丽的大山。

1990年12月7日至12日，在加拿大班夫市举行的联合国教科文组织世界遗产委员会第十四届会议上，黄山风景区作为世界文化和自然双遗产被列入《世界遗产名录》，成为《世界遗产名录》中的第十七个双遗产项目。

世界遗产是指被联合国教科文组织和世界遗产委员会确认的，人类罕见的、目前无法替代的财富，是全人类公认的具有突出意义和普遍价值的文物古迹及自然景观。联合国教科文组织注意到，世界各国文化遗产和自然遗产越来越受到破坏的威胁，一方面是

黄山归来不看岳

因年久腐变所致，另一方面是由社会和经济条件的恶化而造成的更加难以对付的损害或破坏现象，而任何文化或自然遗产的破坏或毁灭，都可能造成全世界的遗产枯竭。成为世界遗产，既反映了其对人类文明的特殊价值，又是获得全世界共同保护的一种方式。黄山以其无与伦比的自然景色，以及中国古代艺术、文字、建筑等深厚的文化内涵，当之无愧地被列入世界文化与自然双遗产名录。

黄山以其独特的魅力征服了世界遗产委员会的专家们，他们这样评价黄山："黄山，在中国历史上文学艺术的鼎盛时期（16 世纪中叶的'山水'风格）曾受到广泛的赞誉，以'震旦国中第一奇山'而闻名。今天，黄山以其

黄山云海

黄山

黄山劲松

黄山以其永恒的魅力吸引着世界
各地的游客

壮丽的景色——生长在花岗岩石上的奇松和浮现在云海中的怪石而著称，对于从四面八方来到这个风景胜地的游客、诗人、画家和摄影家而言，黄山具有永恒的魅力。"

五百里黄山这块世界文化与自然瑰宝，就像一首无言的诗，用她的起承转合演绎着中国人心目中最唯美的韵律。